## Galope de Miedo en Punta del Norte
[SE OYE DESDE EL OTRO EXTREMO EL POLVO QUE LEVANTA]

ÆREA | *carménère*

Sarah Martín

# Galope de Miedo en Punta del Norte

*[se oye desde el otro extremo
el polvo que levanta]*

861   Martín, Sarah
M     Galope de Miedo en Punta del Norte [se oye
      desde el otro extremo el polvo que levanta]
      / Sarah Martín -- Santiago-Barcelona : RIL
      editores-Ærea | Carménère, 2024.

      86 pág. ; 23 cm.

      ISBN: 978-84-10248-09-0

      1 POESÍA ESPAÑOLA. 2 LITERATURA ESPAÑOLA.

Ærea | *carménère*

Serie dirigida por
Eleonora Finkelstein y Daniel Calabrese

GALOPE DE MIEDO EN PUNTA DEL NORTE
[SE OYE DESDE EL OTRO EXTREMO EL POLVO QUE LEVANTA]
Primera edición: mayo de 2024

© Sarah Martín, 2024

© Ærea, 2024

Un sello de RIL® editores
SEDE SANTIAGO DE CHILE: Los Leones 2258 • CP 7511055 Providencia
(56) 22 22 38 100 • ril@rileditores.com • www.rileditores.com

SEDE VALPARAÍSO: Cochrane 639, of. 92 • CP 2361801 Valparaíso
(56) 32 274 6203 • valparaiso@rileditores.com

SEDE ESPAÑA: europa@rileditores.com

Composición y diseño: RIL® editores
Diseño de colección: Marcelo Uribe Lamour

Imágenes de cubierta: Eadweard Muybridge. *Plate Number 245. Two models,
turning around, sitting on the ground.* 1887, collotype. Edward E. MacCrone
Fund (por cortesía de la National Gallery of Art, Washington). Eadweard
Muybridge. *Plate Number 626. Gallop, thoroughbred bay mare, Annie G.*
1887, collotype. Gift of Mary and Dan Solomon and Patrons' Permanent
Fund (por cortesía de la National Gallery of Art, Washington).

Impreso en España • *Printed in Spain*

ISBN: 978-84-10248-09-0
Depósito Legal: B 9503-2024

el miedo no admite contracción

        mi amor

hay un caballo azul en mi garganta

sabes cuando expulsan las amígdalas

piedras de Rosetta y escrutamos

y ninguna inscripción es legible

sabes cuando no se quedan pequeños los castillos

de nuestro mundo interior

se agrandan hasta el desvarío

y las ganas se multiplican y es exponencial

el cuerpo


el miedo también está allí

y nos desplaza el mundo


nos recluye en un lugar de apariencia

insustancial        enclenque


y a mí me doblega como de niña

y no sé llorar


por eso escribo


        el miedo

no admite contracción


        despliéguese

DE DÓNDE

EN DÓNDE

ADÓNDE

Y CUÁNDO

PERO ERA CÓMO

# De dónde

## [la genealogía enseña sus manos inmaculadas]

del vientre de mi madre debió salir aquel cordón
invisible por debajo del umbilical que verticalmente
me atravesaba la garganta el esternón el ano el hueco
entre las piernas y no tocaba tierra

del vientre de mi madre debió erigirse en géiser el miedo
a borbotones caliente atragantado

De su abultado vientre y mi vientre vacío nació este
vientre fatuo que engendra aún más miedo

de mi padre la regurgitación las ganas la caña de pescar el buceador y el espejo cóncavo que intenta captar el círculo

por eso el cristal los añicos que me aterran ya solo en la imaginación me aterran los añicos porque sueñan con garganta y el día en que se pierdan me hallaré más pesadilla

De mi padre

al que encerraban en el cuarto de las ratas durante horas cuando las ratas tenían un cuarto en las casas y encerraban a los niños sin luz

no creas que se explica la exploración del abismo y esta ansia es codicia

De nadie

la genealogía enseña sus manos inmaculadas lo que ocurre
es que se extienden infinitas todo lo retienen los
linajudos dedos ascendentes con los seniles temblores
de qué feto sin ábaco

cuando de nadie sin nombre y ser

avanza

de la mentira consustancial de la coartada vitalicia del parapeto y detrás tampoco hay verdad encubierta

De la mentira sin escondite pero una manta

de la escarcha de conocer la condena perpetua del despertador estropeado de la torcedura de tobillo y el azote / un muñón / el óxido en la lengua y tú ya no vas a parar nunca

de haber llegado sin cabo sin más afinidad que la mentira y la ofensa como ilegítima defensa de la pieza dramática que te inmortaliza irresponsable añil

De la fábula de lo uno y lo múltiple érase una vez la fábula
con una hormiga sola mirando de reojo al animalario
al completo y de la morfina como gloria al revés
siempre funciona porque nunca alcanza la fábula y del
logos apofántico donde cabe un elefante que sueña con
apostatar de vaca sagrada porque la verdad / como el
deseo / siempre apunta a otra cosa a otra cosa a otra
cosa

de la fábula que se confunde con la fábula y de la
moraleja como redoble de la fábula de la autoayuda
y la terapia como el hedor de un cadáver que no se
quiere ente(r)rar o la incineración como ficción
contemporánea donde nada ha pasado o solo ha cesado
la porfiria del porvenir


sin / si / quiera ruina

una inundación De un ciclón de un tornado un tsunami
   como un incendio y un secarral en las mucosas

se despliega      no se desliza


boca que engulle nada nombra

saliva en la piel De mi amante última noche

abrazada a ti alcanzo la evanescencia

sin temor

De la nieve o tu pérdida o la ratonera del invierno que no viviste

ha comenzado a nevar como suele

lanugo cual escarcha y nuestros dedos que solo aciertan a pensar en el milagro de la cristalización como la cristalización del milagro

la abundancia después

el río

de lenguaje y sollozo

¿es la soledad que queríamos pronunciar una sílaba y nos tapábamos el rostro con las palmas de las manos?

glacial entonces

mas nada se suspende

monolítica avanza

una nevada como una pira en la faringe que impide tragar


y hay una arcada que se congela

interminable

De se nos olvida vivir y hay un calendario de prescripciones relegadas

del día del mes del año de los siglos por los siglos en que los mayores se olvidaron de escuchar música y nunca más

de aquel día en que los viajes los domingos las casas las camas la música el desayuno el roce de las sábanas tu mirada nuestros cuerpos el desayuno la música los domingos las camas la música las casas la música de

se nos olvida vivir y hay una posibilidad pasmada de regreso un propósito paupérrimo un verdadero deseo un alcázar mental que la inercia derruye con sus botas de plomo

hay la llave de se nos olvida vivir que cierra el aire y después nada / nunca / más o ya es tarde

las aves de las que desconocemos los nombres en realidad
hace falta un diccionario de omisiones silban pero hay
silbidos inaudibles para nosotras

y si es de ahí

De lo inaudible

de donde surge y se extiende

de donde crece y se propaga esta fuga

la partitura

de oídas desoída

# En dónde

*[en la plenitud del agujero]*

en un traspié en un resbalón en un malentendido en el
peldaño cascado de saber en la mutilación en el hurto
en la cueva de Alí Babá en la propiedad de lo afanado

En cada improductivo repliegue

En el recogimiento del áspid que hace nido solitario e
ineficaz en esa quietud de la invisibilidad acuática no
agazapada en la ciudad frente al océano bajo un cielo
azul resplandeciente

bajo ese abocinado yugo

en parásitos y verbos en su ansiedad acuclillada en su barahúnda sorda de enjambre ciego en su estruendo y su estampida de vía única

de meta

En la repugnante búsqueda de un cuerpo del que alimentarse

en la atrocidad de la multiplicación transformada en bucle
que devora singular a singular la diáfana percepción
del pulso

en una serie sin síncopa y sin integridad porque sin fin

En la plenitud del agujero

en el agujero

aunque solo en la intimidad de sus pliegues

en la horizontalidad de su inexplicable cordillera

que enrosca

                        umbilical

el término


la atrocidad no es en la caída

es En la escalada imposible y en la dignidad quirúrgica
    del cuerpo mudo

en la dignidad del rechazo

o en la asunción del agujero

o en el rechazo de la dignidad

o en el agujero de la asunción


en la conciencia se vuelca la vida por decisión propia

En el humo

en la densidad y la fluidez a un tiempo

escampa

nos equivocamos

parece un fuelle de doble cara y hemos de saber que habrá
    alguien que entregue el aire

gratuito cederá su espacio

tácitamente

nosotras respiraremos

En la parábola del embuste que camufla la recta de la
razón

en la oquedad de los paraísos artificiales que resignifica
a todas luces el eximente a saber los privilegios pero
también la soledad

si apenas eliges

en el confort apenas de una miseria bien considerada

en la superioridad apenas de una dignidad que languidece

en la opiácea aspiración en donde se estanca el ascenso

en la acrobacia de la mandíbula incapaz de articular más
allá del propósito

si no vas a llegar

el vértice de la belleza insomne se esconde tras los ligeros
párpados del miedo

sobrevolar el latido

algunas estaciones el tiempo se interrumpe

En ese lapso

                                        siempre

sobrevolar el latido


es lo más cercano al silencio del aire

es lo más lejano a la complicidad de la tierra

es lo más exacto a la mordaza del mar

en el agua

en el mar se atraganta

en la sopa en la papilla en el puré en el batido

en el nacimiento como densidad gradual

intentar no ahogarse

En la repleción de una ráfaga crónica sin descanso sin
hueco

es la continuidad la que agota la vida


en la repleción el repliegue

la escaramuza en el agua

# Adónde

## [al orificio de la ignorancia]

el viaje solo es un viaje en el tiempo o el lugar es solo un
bucle

vaya donde vaya

esté donde esté

¿Adónde me llevas girando?

concéntrica y sola gota o torbellino parece que se expande
y nada queda la desaparición se expande y el tiempo
siempre se agota o torbellino parece que

vaya donde vaya

esté donde esté

el viaje solo es un viaje en el tiempo o el lugar es solo un
bucle

Al azogue

a la falsa membrana que recubre de suficiencia el *horror vacui*

no es el cuerpo del fantasma sino el fantasma del cuerpo

el espejo a través

creer que lo lograremos si encontramos las palabras adecuadas

como si alguien

escuchase

lo que nosotras decimos

a la biblioteca de los hurtos

a Alicia abusada

fotos en sepia de aquellos tomos colosales con las vidas malogradas de ellos los traumas infantiles la metamorfosis en monstruo la bulimia que es la violencia la coartada asombrosa la opción única

que al hueco del ombligo no hay que discutirle

ya se dijo

de ahí el *big bang* y el desfile de poetas

comisuras vencidas en el túnel del tiempo

a la retórica de lo olvidado

a cómo nos interpela sin comprender su dicción

traba que traba pero da qué pensar

al álamo de la mudez y al árbol de jade del idioma

a la imagen impermeable sobre la que diluvia la locura

¿acabaremos así?

a la farsa si del vientre en contra no se puede escapar

a la geometría de la perversión y a la esfera abombada de su culto

A Alicia abusada

escucha

una manilla que cuelga es una soga al miedo

donde se sientan los que toman las decisiones finales

poltronas de cuero y tafetán por encarnar insignias buques

sillones para valorar felonías analmente a estas alturas la
bondad también está en el interior

ojos vendados visionarios objetivan la escasez igual es la
migraña precariedad última antes del horizonte de
condena

tapicería bicolor de no entender / más conocida como
arabescos estilo brandemburgo y el *adagio* del quinto
concierto como petulancia y puntilla

Adonde se desenfrenan los testaferros del fauno con su
siesta y con una voz aflautada que infunde ineptitud
rizan sentencias y penas sin parangón

en esa ladera endiosada hacia ese declive definitivo

al bosque

a la piedra de la oscuridad al secreto diáfano

esto también te lo enseñaron de niña

ve niña

Adonde puedan devorarte las fieras así que allí

a la hojarasca de los pensamientos a la fronda de la
depravación


prepárate para lo que otros imaginan que te va a pasar

Al orificio de la ignorancia lo llaman boca del lobo

hacia esa luz lábil tus bridas imploran misericordia


a la casa de empeños la moneda en la lengua y / mira
    mamá / los ojos de cristal son los que más brillan


la ciudad exhibe en sus avenidas todos los vicios

                    fluorescente sobre fondo buitre


¿de verdad se trata de escapar?


las aspas rotas o este bochorno portuario y sus muelles de
    alcohol


quién / dijo / miedo

a la retama blanca Al sortilegio

cerca del camino inerme y el vientre del ausente

al encuentro del daño y al arnés acendrado que no la
dejaba irse

al día en concreto a la luz del día en concreto en plena
calle

al brazo que la agarra y la daña y la retiene por un universal

al instante en el que la agarra a la eternidad en la que la
daña a la ilusión en la que la retiene

al escabroso nudo al infinito deseo de deshacerse mudo
más incómodo que violento más incómodo todavía

a la coraza que no se tuvo entonces después

peor

adonde fuimos capaces

gota o torbellino

a esa insuficiencia inicialmente aspirada cortada con
raticida en cliché y crin de aire

a la música a la que regresan nuestras manos amasando
la cacofonía de los primeros versos: no / suena / bien

a esa inaudible sombra de lo que pretendimos pellizco en
miembro fantasma

peor

adonde nos propusimos con todas nuestras fuerzas
adonde nos prometimos una vez y otra no caer no
recaer adonde varadas adonde zozobra parece que el
tiempo se agota o torbellino

vaya donde vaya

esté donde esté

¿Adónde me llevas girando?

# Y cuándo

*[después del daño]*

¿Cuándo vas a venir a por mí?

llegarás tan tarde que la certeza al principio impaciente
después malhumorada finalmente vencida va a acabar
obviando cuándo


el aire se suspende en el pecho se estanca y la garganta se
obstruye

el rigor desfigura

      diente de marfil persiste


la conciencia arranca la cuenta atrás

por primera vez nos previnimos

nos agarramos del grillete del padre

auscultamos cien pasos atrás de nuestros pasos

auguramos una viga hambrienta una amarra viuda

y no fue suficiente


por primera vez

ensayamos el encanto homicida del silencio

desciframos la función hermética del orgullo

comprendimos que el arte de lo impredecible no comulga
   con la cirugía de lo esperable

y no fue suficiente


el viento reventó los cerrojos

por primera vez


su voladura ya no pudo alertarnos

9

Cuándo no es tarde

nos queremos marchar cuando es tarde

y cuando nos queremos marchar es tarde

el tiempo no importa importa la dilación del deseo

el instante no importa importa la dilación de su deseo

la edad no importa importa su dilación en el deseo

el deseo de la dilación con su holgura marítima

o el ancla en la promesa artera artrósica arcaica

arde y abrasa y aquí permanecemos

en el incendio consumado y a la espera

8


cuándo la cura para la fragua

si se sangra      no la voz

                        el idioma

si se encarna    no la justicia

                        el deseo


si puedes atravesarme y Cuándo

                    después del daño

así que hay una zanja y está prohibido pasar

de otro modo igual no sobrevivimos

no pueden pronunciarse algunas palabras en voz alta

de otro modo igual no sobrevivimos

debemos vigilar que las hojas secas no crujan bajo nuestros
pies

de otro modo igual no sobrevivimos

cabe evitar el contacto directo de los cuerpos tus dedos si
rozan mi mano mi aliento si resuella indecisión

sobre todo ninguna estridencia

de otro modo igual no sobrevivimos

ándate con ojo hay furias que solo se detienen con un
golpe

toda cautela es poca

y no hay abrigo posible

una vez hallado el agujero

6

tendremos que hablar de la memoria

                  hoy / ahora / ya

tendremos que hablar de la memoria


quién nos va a contar la memoria del miedo

                  / aún coto /

quiénes podrán deshacer ese coágulo

                  / aún lívido /

quiénes detectar ese trombo

                  / aún magma /

quiénes alcanzar la arteria

                  / aún pulso /

quiénes abrir en canal

                  / aún pelliza /

quiénes

                  y Cuándo

vamos a remover la tierra

tendremos que remover la tierra

tendremos que levantar el firme

                  si hablamos de nosotras

acaso encolerizar a la serpiente

retorcerla

                              si hablamos de nosotras

para poder hablar de nosotras

para poder habitar el idioma

                              de nuestras muertas

para poder emplear sus palabras

las palabras que emplearon nuestras muertas

para poder hablar de nosotras

para poder habitar el idioma

para poder habitar la tierra

habrá que removerla

                              si hablamos de nosotras

5

un mórbido troquel permite intuir el temblor

ya se esclarece                    ya se diluye


              ahora / estamos / juntas


y a qué esperamos


claro que no se va a entender

claro que da igual

solo importa

si nos atreveremos

4

cuándo

sucumbiremos a la evidencia del estallido

o Cuándo

sucumbiremos al estallido de la evidencia


muele muele mi idioma

muele muele mi deseo

duele demuele mi idioma

duele demuele mi deseo


*el patio de mi casa es universal...*

3


Cuándo no se transforma el deseo

otra cosa es que no puedas encarar su metamorfosis



mirar el sol

cegarse

con

sus ínfimos y preciosos hilos

sus íntimos y preciados filos



teje filamentosamente mi estera de cambio

sájame con tu luz

2

en qué órbita temporal no diverge tu insobornable destreza

contesta de una vez

                              ventisca en rama

¿Cuándo no estás?

I

pensemos ahora en el instante

este campo abierto desolado y feroz que no nos devora
   aún

ahora que no hay dónde esconderse

ahora que estamos a tiro

—

Cuándo la retirada

si es despedida es a solas

cuándo el sigilo

si es despertar el cierre

# PERO ERA CÓMO

## *[si galopa igual]*

estos pájaros atrapados en la bajante

se sabe porque sus alas chocan

perecen en la estrechez del tubo

agotados

de aletear


no hay salida

pero hubo entrada


esto / es / posible

*si y solo si*

si es la conmoción la que prende la conciencia

si es la conciencia la que prende la conmoción

descarga incomprensible y súbita

si el dolor se cumple

verbo perfectivo / acción y término


si es la imaginación la prenda ignífuga de la conciencia

si es la imaginación la piel quemada de la conmoción

si una vida inocente es posible

temblor

del árbol


si es del cielo o del aire la navaja de Ockham

de la gloriosa carga de la arrebatadora libertad


si es de la conciencia de insignificancia la culpa

si va a ser de nuevo después de sucedido

si lo acabado es de la sima

o la sima es de la inhumación

la sonda para el nombre tras el tiempo

la sombra que se esconde tras el tiento

el rastro que no sabe interpretarse


si es vacuo

si galopa igual

nadie lo monta los ojos en la espalda y la muerte del
horizonte

si en la noche igual

fugaz y ebrio la mirada no hiende

si no va de jinetes fantasma ni de magnicidios

si tampoco de eriales desensillando corceles renqueantes

si galopa igual

y el martillo de feria del ombligo a la garganta

¿cómo hace?

¿cómo hace, niña, si galopa igual?

si herradura entre los dientes

si pala de tierra la lengua y tú

si bruxismo o pesadilla

si rechazo o negación

si no pasa nada y frase escoba

                      no / pasa / nada

si el mundo se enreda con el huso lingüístico

si ayer no y mañana sí

si veleta averiada

                      gira sobre sí / si


si sepultura adverbial sustantiva

si son del mar el azogue y el alma

si afuera se encapsulan

si adentro se diluyen

tóxicos

si es del antojo el trasiego

si desplazar la intención desvirtúa la gesta

si la falacia es lingüística y no hay razón

si quien a hierro mata no se pertenece

si la inconsciencia recusa el crimen

cómo afligirse

si es arbitraria la falta

si la separación suelda trizas en la fractura

si las nanopartículas de la articulación mosaicas minoicas
mestizas minervas

se adhieren

si tú ovillo cercenado has cosido el texto de agujeros

dejando espacio

dejando espacio y tiempo para otra red

para una urdimbre distinta

para la misma trampa

el miedo no admite contracción

        mi amor

hemos venido a este mar solo a perdernos

pero qué infinito no atenaza

qué fragilidad no contiene latido

así de difícil

la ínfima posibilidad afirma todo


la obediencia pierde la partida contra el sol

nunca fue culpa si acaso deseo mortificado

pero nuestras voces insolentes

pero nuestros cuerpos vivos


el miedo no admite contracción

        mi amor


nosotras

        henchidas

            vulnerables

                gloriosamente fracasadas

# Índice

Este libro se terminó de imprimir
en mayo de 2024

RIL® editores • España

europa@rileditores.com

Se utilizó tecnología de última generación que reduce
el impacto medioambiental, pues ocupa estrictamente el
papel necesario para su producción, y se aplicaron altos
estándares para la gestión y reciclaje de desechos en
toda la cadena de producción.